女声合唱組曲

胡蝶の夢

まど・みちお 作詩

魚路恭子 作曲

カワイ出版

女声合唱組曲
胡蝶の夢

「いい夢を見たような気がするのだけど、目覚めて思い返すとはっきりとは思い出せない…」

　こんなもどかしい経験をしたことはないでしょうか？
確かに存在していたのに掴めず見えず、心ふるえたという記憶だけを残していく…夢と音楽はとても似ていると思うのです。そんな夢のような、かぐわしい香りのような音楽を書こうと思ったのが「胡蝶の夢」です。タイトルは荘子の有名な説話に拠ります。〝夢の中で蝶として羽ばたいていたのだけれども覚醒後、はたして自分は蝶になった夢を見ていたのか、それとも今の自分は蝶が見ている夢なのか〟という夢と現実の境の曖昧さ、この世の生の儚さを想起させる世界観もまた音楽のようであると感じたからです。

　そんな繊細で捉えどころのない美しい世界を詩人、まど・みちおさんはやさしく簡潔な言葉で真理をそっと掬い出すように見せてくださいます。親しみと共に畏敬の念を込めて、彼の作品から特に好きな詩を抜き出し、組曲として構成しました。

　以下は各曲のキーワードを簡単に書き出したものです。

Ⅰ：チョウチョウ
　　　自我誕生、羽化、予感。
Ⅱ：もんしろちょう
　　　覚醒、青春の謳歌、世界の認識。
Ⅲ：えんりょしないで
　　　第三者視点から小さき者（蝶）への慈しみ。
Ⅳ：どうぶつたち
　　　俯瞰の視点。生物、進化、退化、種、歴史。
Ⅴ：チューリッピ？
　　　瞬間と永遠、花、美、普遍性。

　上記を演奏・鑑賞の手掛かりとしてくださっても良いですし、作曲者の意図など気にせず感じたままに想像力を羽ばたかせてくださっても構いません。触れて下さった皆様のお心に何がしか響く事があれば大変ありがたく嬉しく思います。

　最後に、委嘱・演奏下さった山根明子先生とLadies Choir潮の音の皆様に心よりお礼申し上げます。長い時間、この作品を慈しみ大事に育てて下さった彼女たちの情熱に支えられてこの作品は世に出ることが出来ました。素晴らしい育ての親に恵まれたことに感謝致します。

2016年5月

魚　路　恭　子

●委　嘱：Ladies Choir 潮の音
2015年4月18日／彩の国さいたま芸術劇場・音楽ホール
《Ladies Choir 潮の音　第9回定期演奏会》
指　揮：山根明子
ピアノ：澤瀉雅子

女声合唱組曲
胡蝶の夢

Ⅰ （チョウチョウ） ……………………………… [2分00秒] …………… 4

Ⅱ （もんしろちょう） …………………………… [3分20秒] …………… 9

Ⅲ （えんりょしないで） ………………………… [2分50秒] …………… 17

Ⅳ （どうぶつたち） ……………………………… [2分30秒] …………… 22

Ⅴ （チューリッピ？） …………………………… [7分30秒] …………… 24

　　詩 ……………………………………………………………………………… 45

●全曲の演奏時間＝約 18 分 10 秒
（初演の演奏時間による）

皆様へのお願い

楽譜や歌詞・音楽書などの出版物を権利者に無断で複製（コピー）することは、著作権の侵害（私的利用など特別な場合を除く）にあたり、著作権法により罰せられます。また、出版物からの不法なコピーが行われますと、出版社は正常な出版活動が困難となり、ついには皆様方が必要とされるものも出版できなくなります。
音楽出版社と日本音楽著作権協会（JASRAC）は、著作者の権利を守り、なおいっそう優れた作品の出版普及に全力をあげて努力してまいります。どうか不法コピーの防止に、皆様方のご協力をお願い申しあげます。

カワイ出版
一般社団法人　日本音楽著作権協会

出版情報＆ショッピング　カワイ出版ONLINE　http://editionkawai.jp

携帯サイトはこちら▶

I

まど・みちお 作詩
魚路恭子 作曲

Ⅱ

まど・みちお 作詩
魚路恭子 作曲

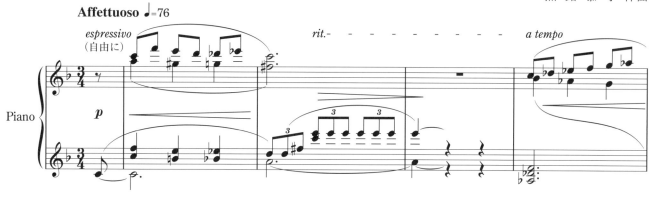
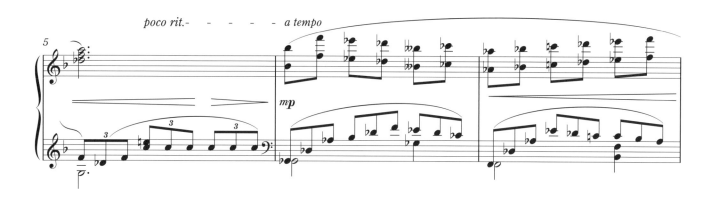

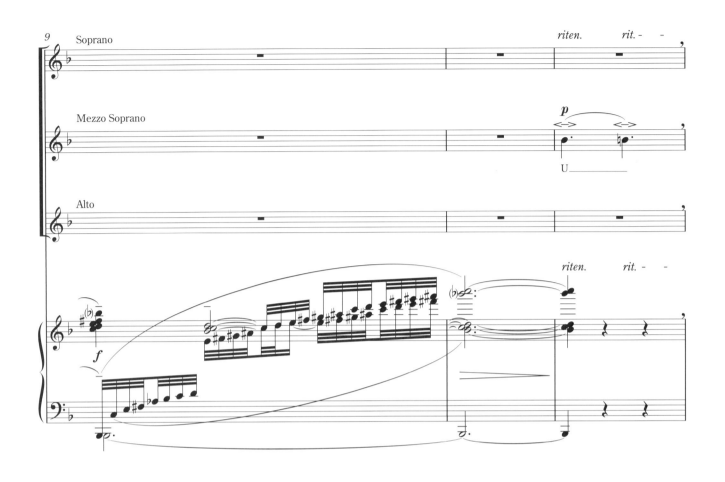
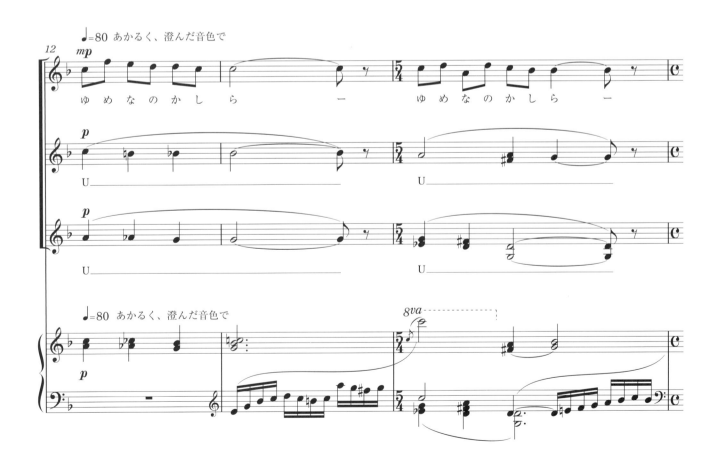

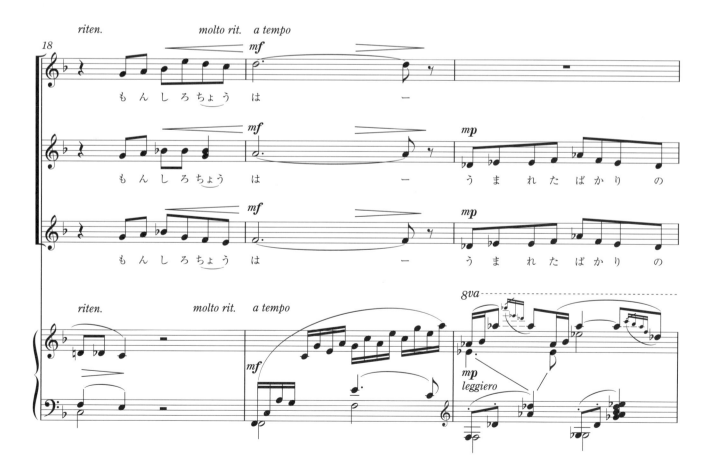

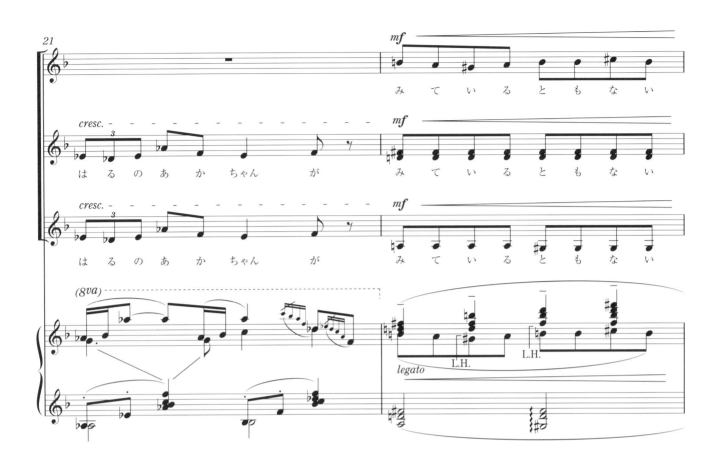

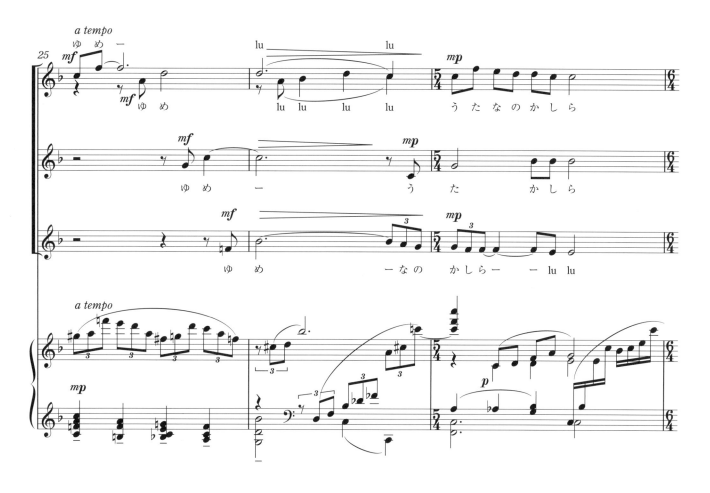

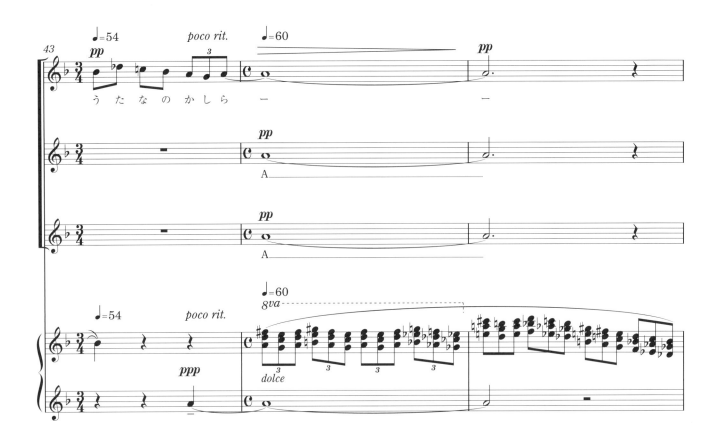

III

IV

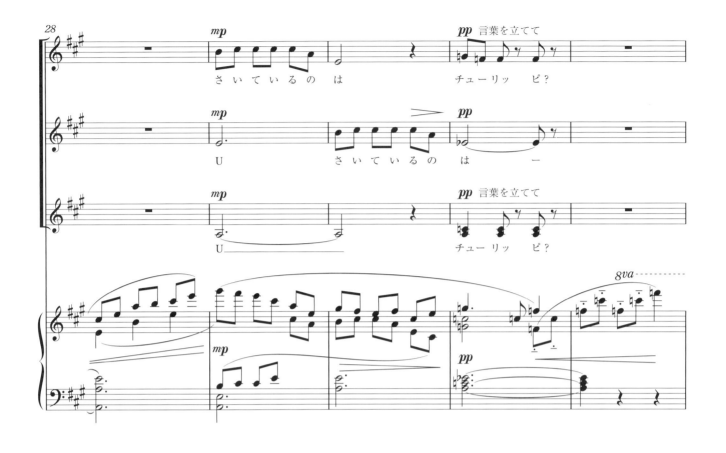

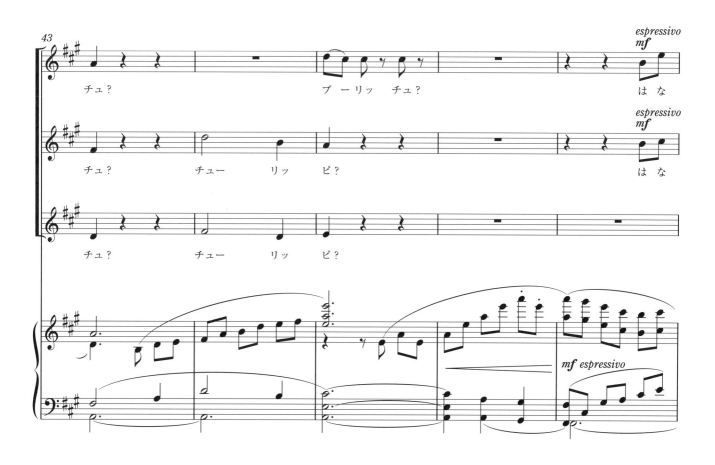

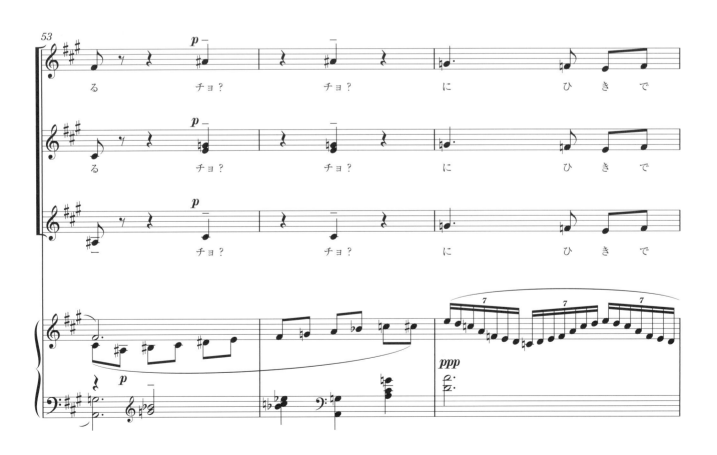

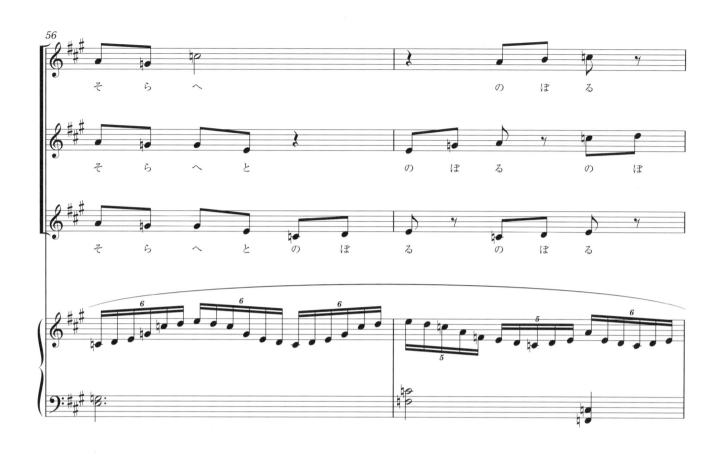
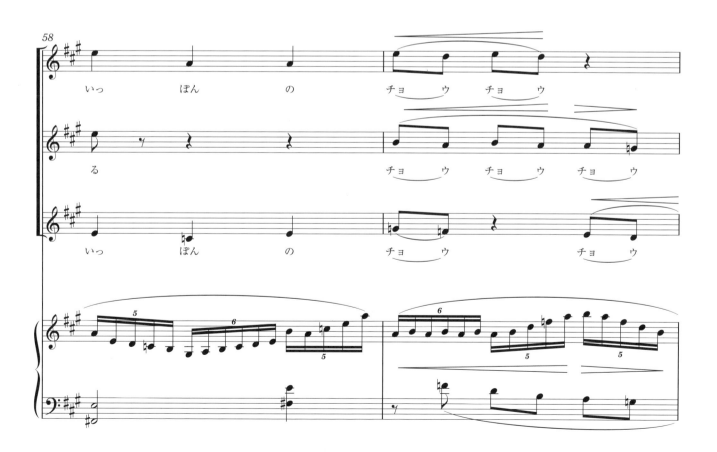

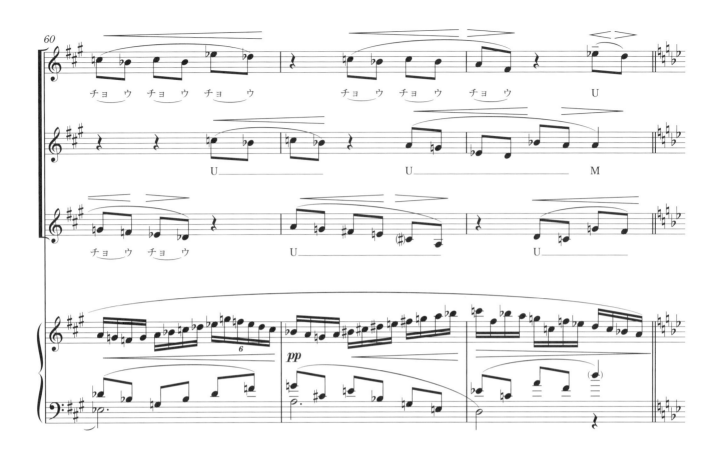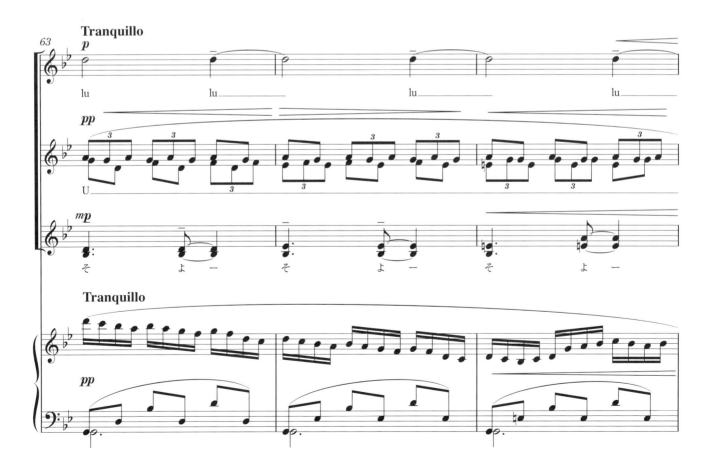

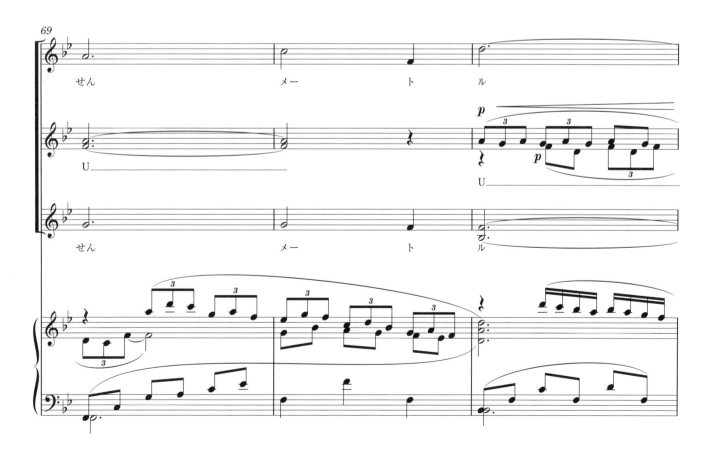

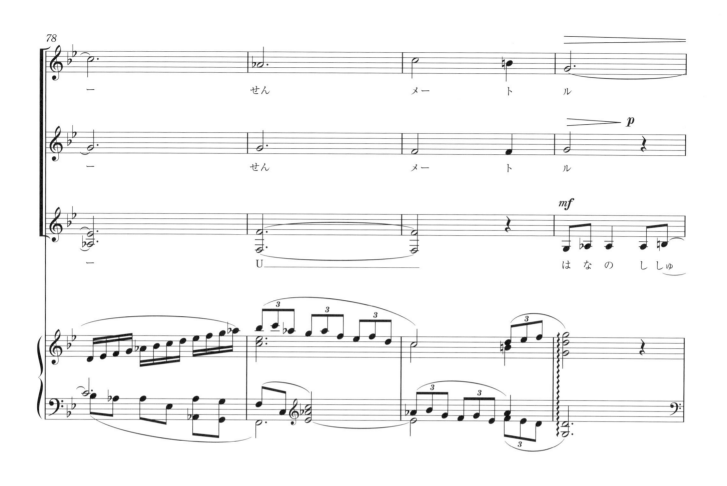
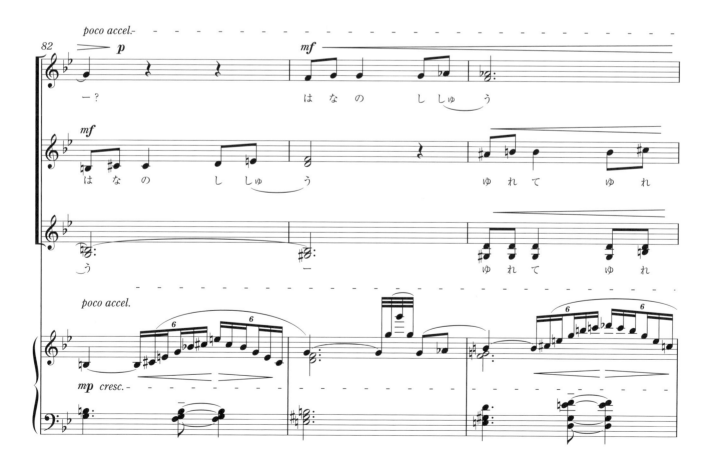

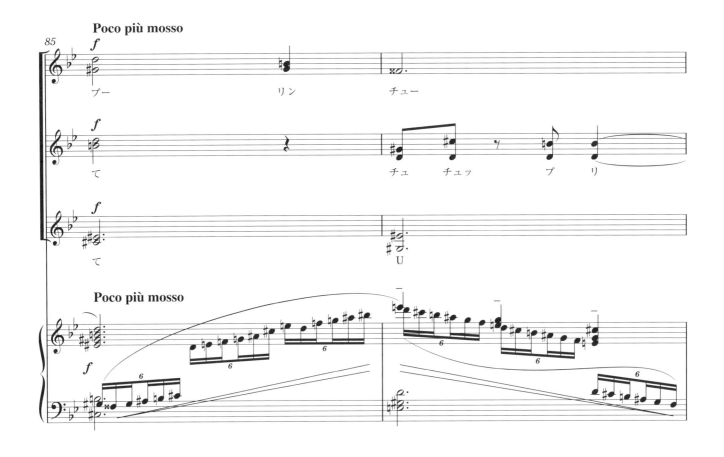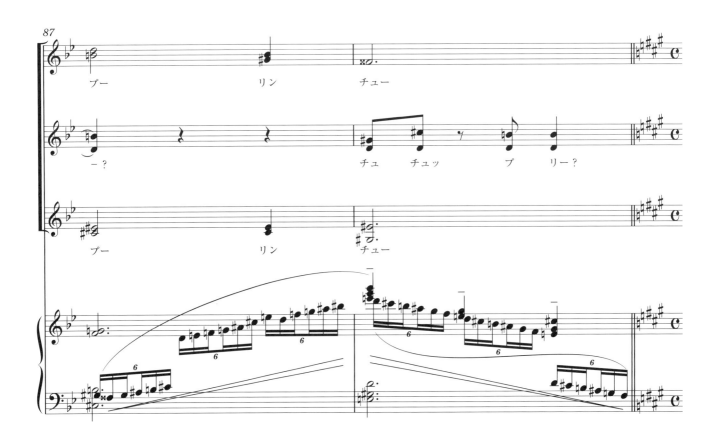

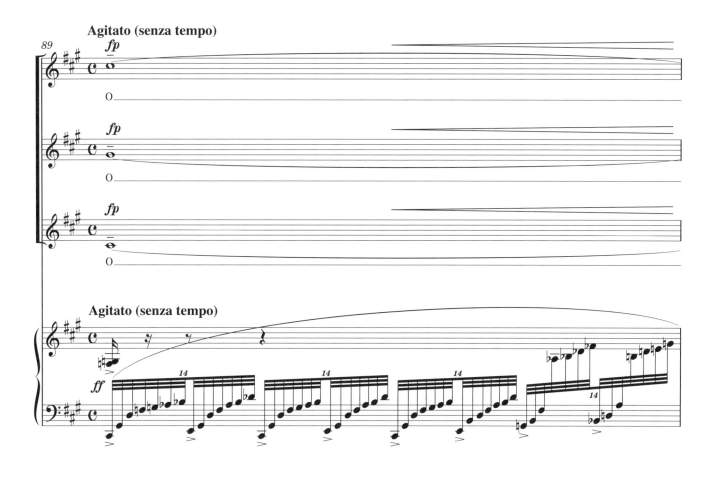
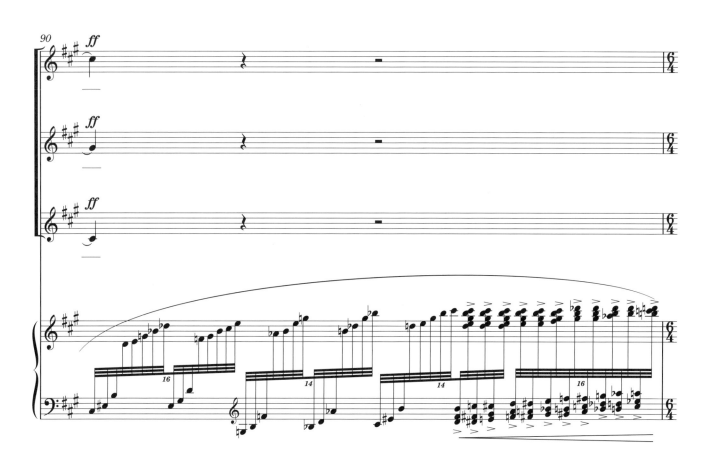

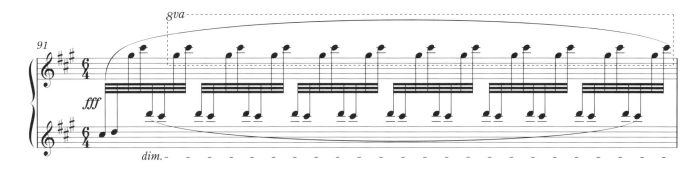

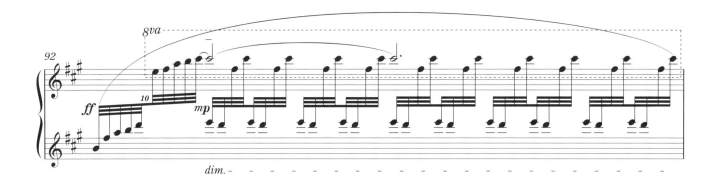

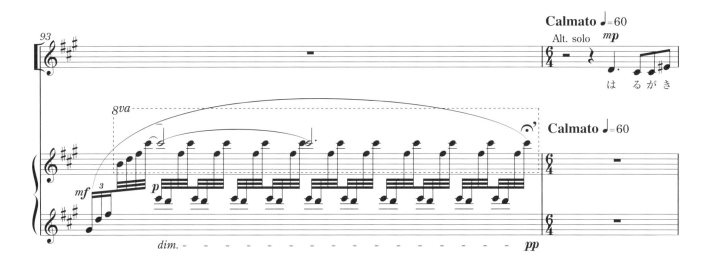

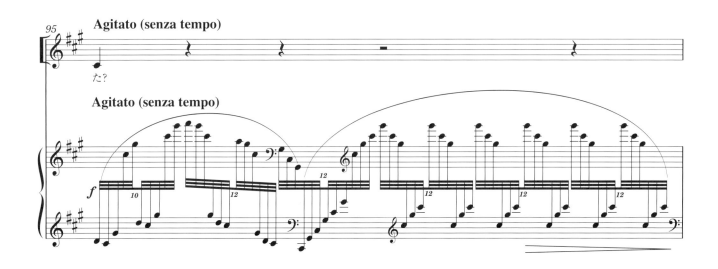

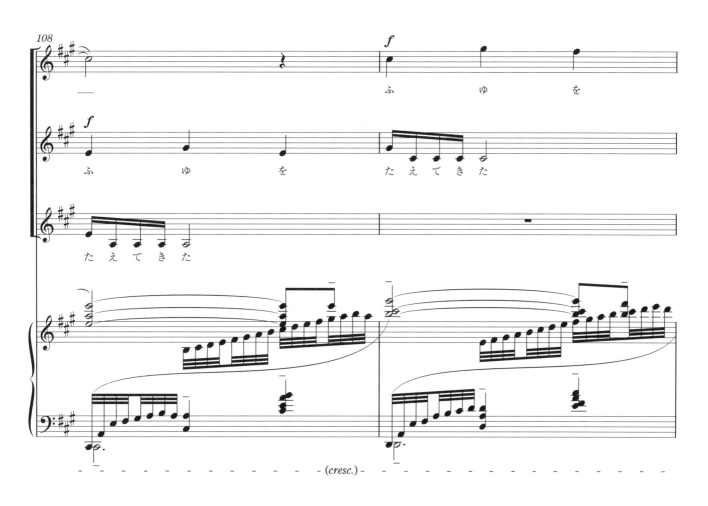
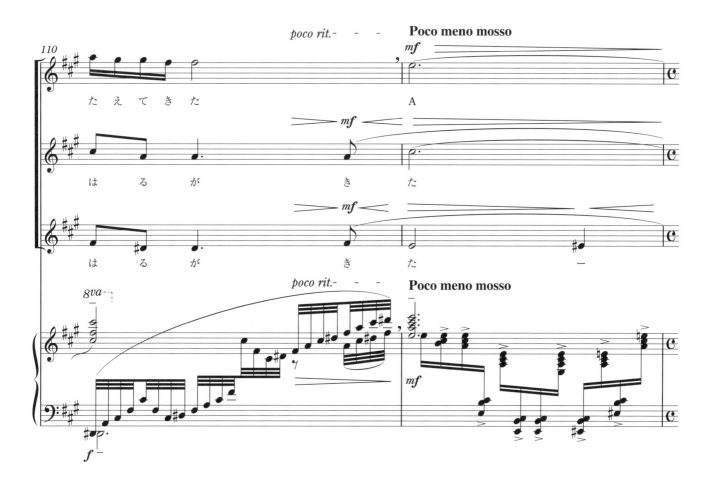

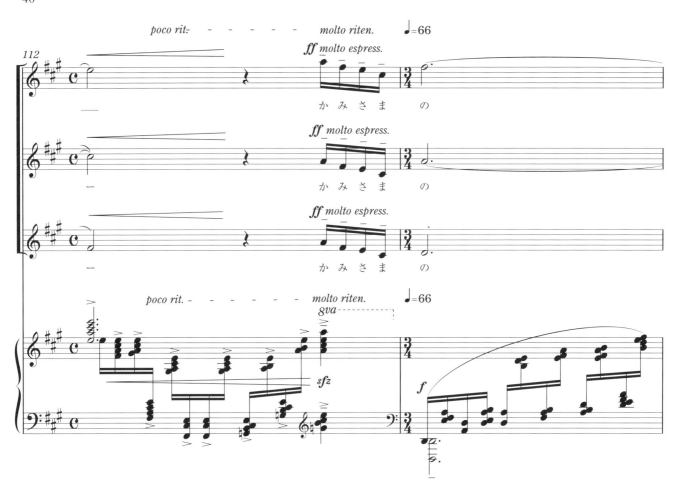
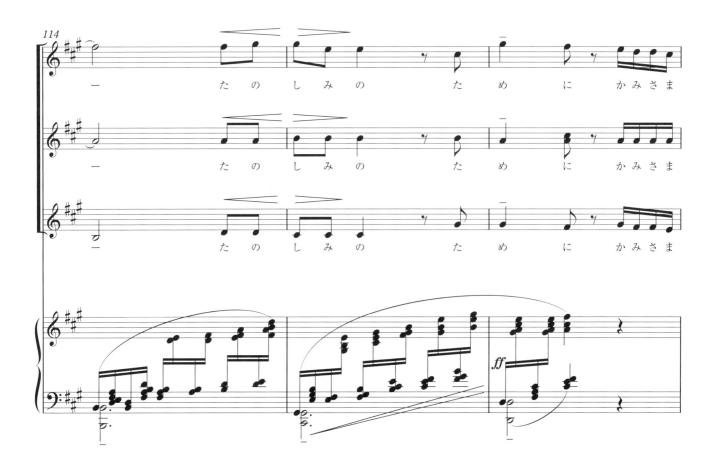

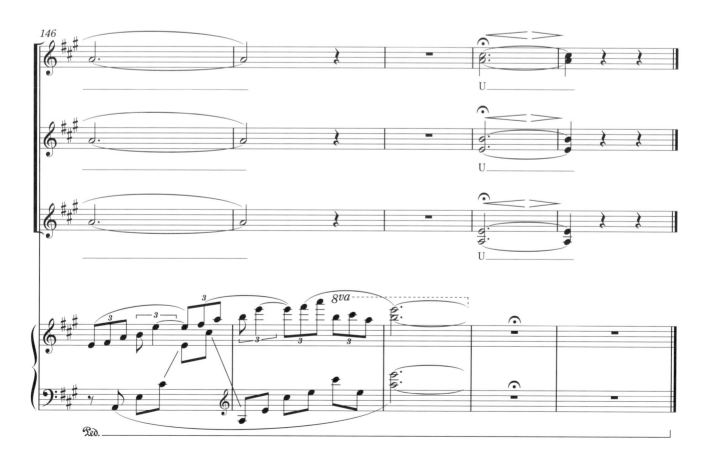

Ⅲ
もっと そうぞうしく
とんだら いいよ
えんりょ しないで
ばさばさ とべよ
といって あげたくなるな
もんしろ しろしろ
もんしろちょう
いつでも ひっそり
とぶばかり

もっと おおいばりで
まんなか とおれ
えんりょ しないで
どさどさ あるけ
といって あげたくなるな
でんでん むしむし
でんでんむし
すみっこを こっそり
はうばかり

（原題 えんりょしないで）

Ⅳ
いつのころからか
こういうことに なったのか
きがついて みると
みんなが
あちらのほうを むいている
ひとの いないほうを
にじのように はなれて…

（原題 どうぶつたち）

Ⅴ
さいているのは
チューリッピ？
水に うつっているのは
プーリッチュ？
はなびらに ねむる
チョ？
そよかぜのスカートは
一〇〇〇メートル？
花のししゅう ゆれて ゆれて
二ひきで空へとのぼる一ぽんの
チョウチョウ？
プーリンチュー チュチュップリー？

はるが きた？
ふゆを たえてきた
生きもののために？
かみさまの たのしみのために！

（原題 チューリッピ？）

胡蝶の夢

まど・みちお

I

こころなら
こんなに きれいなの…
そう いって
でてくるのかしら
もじゃもじゃけむしから
いつも
チョウチョウは

（原題　チョウチョウ）

II

ゆめなのかしら
まだ つめたい かぜの
ゆびさきに あそぶ
もんしろちょうは
うまれたばかりの
はるの あかちゃんが
みているともない
ゆめなのかしら

うたなのかしら
まだ つぼみも ちいさい
なばたけを わたる
もんしろちょうは
うまれたばかりの
はるの あかちゃんが
はじめてうたえた
うたなのかしら

（原題　もんしろちょう）

魚路恭子

東京藝術大学・同大学院修了。
第24回日本交響楽団振興財団奨励賞、第18回名古屋文化振興賞、第11回芥川作曲賞ノミネート、第2回牧野由多可作曲コンクール大賞、第18回日本歌曲振興会日本歌曲コンクール最優秀賞（併せて株式会社全音楽譜出版社賞）、第80回日本音楽コンクール第1位（併せて岩谷賞、明治安田生命賞）など受賞多数。作品はカワイ出版、ブレーン、Hustle copy 各社から出版されている他、公益信託宇流麻学術研究助成基金による異文化様式による音楽創造の研究論文がある。現在、浜松市在住。

女声合唱組曲　**胡蝶の夢**　　まど・みちお 作詩／魚路恭子（うおじきょうこ）作曲

- 発行者＝亀田正人
- 発行所＝カワイ出版
  〒161-0034　東京都新宿区上落合 2-13-3　TEL 03-3227-6286 ／ FAX 03-3227-6296
  出版情報 http://editionkawai.jp
- 楽譜浄書＝中野隆介　　●印刷・製本＝NHKビジネスクリエイト

2016年7月1日 第1刷発行

Ⓒ Copyright 2016 by edition KAWAI, Tokyo, Japan. International Copyright Secured, All Rights Reserved.
- 楽譜・音楽書等出版物を複写・複製することは法律により禁じられております。落丁・乱丁本はお取り替え致します。
- 本書のデザインは予告なく変更される場合がございます。

ISBN978-4-7609-1776-1

女声合唱作品

曲名	種別	詩/曲/編曲	難易度
千度呼べば	女声合唱曲集	新川和江 詩／池辺晋一郎 曲	中
森のお客さま	女声合唱とピアノのための2つの歌	なかにしあかね 詩・曲	初〜中
あどけない帰郷	女声合唱とピアノのための	山崎佳代子 詩／松下 耕 曲	中〜上
生きる理由	女声合唱とピアノのための	新川和江 詩／石若雅弥 曲	初〜中
LOVE	女声合唱のためのヒットメドレー	三沢治美 編曲	初
五色桜	女声合唱組曲	櫻木みずき 詩／大中 恩 曲	初〜中
繰り返す音よ	女声合唱組曲	浅野はつ子 詩／北川 昇 曲	中
ア・カペラで紡ぐ日本のうた	同声三部合唱のための	名田綾子 編曲	中
北海道物語（ストーリー）	同声三部合唱のためのメドレー	青木雅也 編曲	初〜中
イタリア歌めぐり	女声合唱とピアノのための	名田綾子 編曲	初〜中
きれいな神様	女声合唱とピアノのための4つの歌	林芙美子 詩／寺嶋陸也 曲	中
赤い靴	女声合唱とピアノのための	寺嶋陸也 編曲	初〜中
かろやかな翼ある風の歌	女声合唱と小物打楽器のための	立原道造・ヘルダーリン 詩／信長貴富 曲	中〜上
相澤直人ア・カペラ作品選集 女声篇		相澤直人 曲	中
桜の花びらのように	女声合唱とピアノのための組曲	みなづきみのり 詩／田中達也 曲	中
愛ゆえに	女声合唱組曲	土田 藍 詩／大中 恩 曲	初〜中
田園	女声合唱曲集	和合亮一 詩／信長貴富 曲	中
レクイエム第2番	女声合唱とピアノのための	千原英喜 曲	中
光のなかの貨物列車よ	女声合唱とピアノのための	和合亮一 詩／千原英喜 曲	中
不思議	無伴奏女声合唱のための	金子みすゞ 詩／石若雅弥 曲	中
365日の紙飛行機	合唱ピース	石若雅弥 編曲	初
宮崎駿アニメ映画音楽集 第1集	女声合唱のための	信長貴富 編曲	中
すこやかに おだやかに しなやかに	女声合唱とピアノのための	谷川俊太郎 詩／松下 耕 曲	中
きまぐれうた	無伴奏女声合唱のための	土田豊貴 曲	中
歌姫伝説 情念編／涙編	女声二部合唱のためのメドレー	青木雅也 編曲	初
青いフォークロア	女声合唱とピアノのための	金子みすゞ 詩／信長貴富 曲	中
七色の虹	女声合唱とピアノのための	なかにしあかね 詩・曲	初〜中
あなたへの詩	女声合唱とピアノのための組曲	茨木のり子 詩／面川倫一 曲	中
誰にもいわずに	女声合唱アルバム	金子みすゞ 詩／相澤直人 曲	初〜中
花は嘆かず	女声合唱組曲	坂村真民 詩／德永洋明 曲	初
歌謡デラックス2	二部合唱のための	石若雅弥 編曲	初
胡蝶の夢	女声合唱組曲	まど・みちお 詩／魚路恭子 曲	中
風の旅	星野富弘の詩画による	星野富弘 詩／なかにしあかね 曲	初

混声合唱作品

曲名	種別	詩/編曲等	難易度
おっとせい	混声合唱とピアノのための	金子光晴 詩／髙嶋みどり 曲	中～上
贈るうた	混声合唱とピアノのための	吉野 弘 詩／石若雅弥 曲	初～中
三つの聖母マリア賛歌	混声合唱のための	鈴木憲夫 曲	初～中
平和という果実	混声三部合唱のための	金子静江 詩／鈴木憲夫 曲	初
相澤直人ア・カペラ作品選集 混声篇		相澤直人 曲	中
詩ふたつ	混声合唱のためのメタモルフォーゼ	長田 弘 詩／相澤直人 曲	中～上
思い出のアルバム	混声合唱アルバム	相澤直人 編曲	中
ねむりのもりのはなし	混声合唱組曲	長田 弘 詩／山下祐加 曲	中～上
ひとりぼっちがたまらなかったら	混声合唱曲集	寺山修司 詩／大中 恩 曲	中
たくさんのありがとう	混声合唱曲集	大中 恩 曲	中
加速し続けるエレジー	混声合唱とピアノのための	和合亮一 詩／信長貴富 曲	上
ゆめおり	無伴奏混声合唱のための	みなづきみのり 詩／松下 耕 曲	中
いのちのリレー	混声合唱ピース	佐藤賢太郎 編曲	初～中
ぼくのピース	無伴奏混声合唱組曲	浅野はつ子 詩／北川 昇 曲	中
三つの南九州民謡	無伴奏混声合唱のための	信長貴富 編曲	中～上
365日の紙飛行機	合唱ピース	石若雅弥 編曲	初
夢にこだまする	混声合唱とピアノのための	みなづきみのり 詩／髙嶋みどり 曲	中
黙礼スル 第1番	混声合唱とピアノのための	和合亮一 詩／新実徳英 曲	中～上
黙礼スル 第2番 -「馥郁たる火を」より	混声合唱とピアノのための	和合亮一 詩／新実徳英 曲	中～上
宇宙天	混声合唱とピアノのための	鈴木輝昭 曲	上
ポール・エリュアールの三つの詩	無伴奏混声合唱のための	安東次男・木島始 訳／信長貴富 曲	中～上
ミサ曲第1番「日本から」		名島啓太 曲	中
みどりの風に	混声合唱とピアノのための組曲	源田俊一郎 曲	中
水の旅	混声合唱組曲	高塚かず子 詩／池辺晋一郎 曲	中
愛を乞うひとたちへ	混声合唱組曲	塔 和子・鈴木憲夫 詩／鈴木憲夫 曲	初～中
光のために	混声合唱組曲	立原道造 詩／山下祐加 曲	中
YUME	混声合唱のためのヒットメドレー	三沢治美 編曲	初
歌は繋いだ手のように	混声合唱とピアノのための	みなづきみのり 詩／名田綾子 曲	中
レクイエム第2番	混声合唱とピアノのための	千原英喜 曲	中
光のなかの貨物列車よ	混声合唱とピアノのための	和合亮一 詩／千原英喜 曲	中
世界は二人のために	混声合唱のための	田中達也 編曲	初～中
歌謡デラックス2	二部合唱のための	石若雅弥 編曲	初
風の旅	星野富弘の詩画による	星野富弘 詩／なかにしあかね 曲	初